DU NOIR ET BLANC
A LA COULEUR

Du même auteur

Le chant des cœurs, 2009

Le concept en poèmes, 2010

Fort, utile et beau, 2011

Christina Goh

DU NOIR ET BLANC A LA COULEUR

Extraits d'une vie

Biographie

Éditeur : Books on Demand GmbH, 12/14 rond point des Champs Élysées, 75008 Paris, France
Impression : Books on Demand GmbH, Norderstedt, Allemagne
ISBN : 978-2-322-03038-5
Dépôt légal : 02-2013

A « ZORAXX », la fine équipe.

« *Le cœur est un tam-tam. Il parle.*
Qui l'écoute ?»

Christina Goh

« Ce son n'avait rien d'une berceuse,
mais vous secouait au contraire
presque douloureusement.
Il y avait là cette dimension de profondeur et
de beauté que l'on retrouve dans le son pur
que n'altèrent ni les applaudissements,
ni la célébrité, ni le monde.
C'était de ce son que naissait
toute musique, toute mélodie. »

Jiddu Krishnamurti, philosophe indien

« *Heureusement que j'ai eu mal…* »

Véronique Sanson
Extrait de la chanson
« Je me suis tellement manquée »

1. INTIME PARTAGE…

« J'ai osé.»

Je n'en pouvais plus alors je l'ai dit.
Devant témoins.

Tu m'as suivi. Alors je vais te faire face.
Je ne fuirai plus.

« Tu es un violeur !
Tu m'as violée et je n'étais qu'une enfant.»

J'ai osé.
La rage de vivre m'en a donné la force.
Je ne veux pas empêcher les larmes de
couler... Triste musique....
Ce n'est pas entre toi et moi. Jamais.

On croit que je veux régler mes comptes.
Moi, je ne suis pas en colère...

Que tu avoues...
Que vous le reconnaissiez (toi et les autres)
n'a plus aucune importance.

Vos vies ne se sont pas arrêtées un jour
d'enfance : moi, je n'ai plus su comment
m'amuser...

Je ne pouvais envisager à chaque fois que la brutalité du désastre ; appréciant à reculons des instants de bonheur vite éclipsés par cette voix intérieure de douleur…

Je suis libre désormais.
Dans ma tête.
Et mon corps va se détendre…
Mon cœur aussi.

Depuis longtemps...

Il y a eu méprise
Trop de temps
Entre deux baisers
Je trouve de l'autre le sourire...

La vie dévastée
Sueur et sang mêlés
Entre deux larmes
Peur n'a plus de pouvoir...

J'ai renoncé à la vengeance
N'en déplaise à mon bourreau d'enfance
Ne le savait-il pas ? Depuis longtemps...
Qu'il vive ou meure... Sans ma rage.

J'ai été bernée par les mirages
D'un passé fardeau du temps
Où l'on disait : pardonner est aimer
Fadaise ! C'est le risque d'avancer...

Progresser dans l'inconnu, sans les mêmes
Repères... Toute autre... Découvrir

Entre deux larmes, qu'on peut être fort.
Je retrouve mon rire...

Pour la première fois...
(A l'apaisement)

En savourer chaque seconde
Le bonheur se déguste à petites gorgées
Comme un grand cru.

Loin du désir, d'une faim insatiable,
Plutôt la douce jouissance puis la satiété
Du régal de fragrances d'une vie…

Même l'amertume se dérobe !
C'est le triomphe de la joie, elle transcende
Coule dans nos veines, revitalise l'être…

La jubilation ne trouve pas les mots.
On ferme les yeux… On ressent…
L'apaisement. Pour la première fois.

*« **Allume !** »*

Comme j'aurai voulu être plus courageuse.
Comme j'aurai voulu toucher cet
interrupteur...

Deux enfants dans l'obscurité...
Et cette maison étrange aux bruits et aux
ombres bizarres...
J'ai le nez sous le drap. Pour avoir moins
peur.

Notre grand frère a été enterré ces jours-ci.
« Peut-être reviendra-t-il nous voir ? »
On plaisante... Parce qu'on est désemparé...

Soudain tu cries mon nom,
Tu m'appelles à l'aide :
« Je le vois. J'ai peur. Allume ! »

Moi, je tremble mais je te houspille :
« N'importe quoi. Ce n'est pas lui ! »
Pour que tu te taises...Silence ! Silence !

Mais tu cries encore plus fort...
Tu es sérieux ?
Je me lève à tâtons, les yeux fermés...

Toi tu pleures.
Je cherche l'interrupteur... Cherche... Et j'allume.
Je crois que je t'ai déjà perdu.

Malgré toute présence, tu dormiras avec la lumière jusqu'à l'adolescence... Et puis tu t'en iras...

Présent

"Et si les larmes avaient coulé ? Si j'avais pu...
Si je n'avais pas eu peur ? Si j'avais su...
Et si... Et si... Et si..."

Ainsi s'énuméraient les actes manqués,
Un passé détourné pour cimenter les murs
Des angoisses factices que l'être s'impose...

...

Se froissent les papiers des regrets...
Se dissipe le son de la valse des histoires
Qu'on se raconte pour mieux s'oublier...

...

C'est une alliance entre le destin et nos envies
Quand le temps brille de nos décisions
Quand nos actions éclipsent les nostalgies

Alors n'existent plus de "et si"...
Juste ce que nous sommes devenus,
Que nous choisissons d'aimer en face...

Et mieux qu'un rêve inachevé et clairsemé,
Se dresse ainsi l'atout majeur de nos vies :
Le temps présent.

L’éventail

Les bornes n'existent plus
Comme l'amour est la trace de vies
Que souffle le vent de l'oubli
De toutes les peines et les chagrins
Dissipés dans le ciel de l'infini...

Ainsi subsiste l'immensité de nos rêves
Réalités de nos vies dont l'épreuve
Reste l'illusion de nos défaillances...
Mais au-delà du mirage des limites
Nous sommes une famille :

Éventail de couleurs et d'humeurs
Palette de douceurs ou d'aigreurs
C'est un cœur unique qui bat
Égratigné souvent par la violence
Et pulse le sang, tombent les larmes.

Mais l'intensité d'un seul sentiment
Devant le sourire, l'exploit... La quiétude
D'un univers encore à découvrir...
Alors sous le soleil de la conscience
Que notre joie est sans pareil !

« Qui chantait ? »

C'est une convention pour la jeunesse.
Une occasion de vacances oui.
Pourquoi s'en priver ?

Karaoké géant.
Quelle belle idée !
Le micro circule... Me tombe entre les mains.
Je chante à tue-tête !
Ai-je déjà été si insouciante ? Si heureuse ?

Un responsable arrive à grands fracas...
Essoufflé, il a dû courir...
J'ai peur.

« Qui chantait ? »
Il insiste.
Je viens tout juste de donner le micro à Lucie.
Je la désigne lâchement :
« C'est elle ».
Lui me regarde quand il parle.
« Je ne sais pas qui est cette personne...
Mais celle que j'ai entendu chanter ira loin...»

Je détourne le regard.
J'ai peur d'y croire.

Il aura fallu du temps...

Il aura fallu du temps
Pour comprendre le message :

Le corbeau a tant croassé
Qu'il a fini par être entendu;

On a fini par connaître l'obscurité
On a réussi à goûter au repos

La lumière n'éblouit plus
Elle a juste permis de mieux y voir

Quand se succèdent le jour et la nuit,
Sans réserve, le cœur est le même...

Il chante…
La liberté est la plus belle des mélodies.

En aimant...
(Oh Musique !)

Comment cela se peut-il ?
Tant de grandeur pour un corps si fragile !
Un éclatant sourire pour accueillir le cadeau
De la vie. Prendre tout... Retenir le meilleur...

Les yeux brillants, le cœur léger
Comme autant de plumes chatoyantes, caresse
La lumière. Naturel éclat d'un regard neuf
Sur l'étendue. Est-elle donc immense !

Cela se peut.
Le corps frêle galvanisé d'amour s'envole déjà
Quand le passé prend tout son sens, s'illumine
Un tout nouvel être. D'une indicible réalité.

C'est en aimant, que je t'ai vu autrement.
Tu m'as redonné ce que j'avais perdu...
J'espérais sans être sûr ; maintenant je sais :
J'aime, je chante, je vis.

« Pour des raisons personnelles »

Un grand centre. Il rassemble plusieurs pays.
C'est un honneur d'y travailler.
Mes diplômes valorisés.
Le salaire au-dessus de la moyenne.
Des avantages et le respect familial.
Enfin.

Alors pourquoi suis-je si malheureuse ?
Je travaille avec acharnement.
Pour faire mentir ma peine.

Dans ce bureau climatisé, je suis une cadre triste.
Ils appellent cela « une réussite »...
Et moi, je me suis trahie... Depuis longtemps.

Les primes n'y changeront rien.
Le shopping non plus.
La flamme s'éteint et je n'y peux rien...

Renoncer à la musique ?
La prendre comme maîtresse ?
Pourquoi ces idées me semblent insupportables ?

Comment expliquer tout cela à un patron éberlué et qui vous interpelle :
« Démissionner ? Mais pourquoi ? Quelque chose dans l'entreprise ne vous convient pas ? Vous ne toucheriez rien comme indemnités... »

Si je répondais... Il me prendrait pour une folle.

On va se contenter d'une simple formule administrative :
« Démission pour raisons personnelles ».

Ces choses là…
(A la Musique)

Ces choses-là nous dépassent
Alors on y pense moins
On ferme les yeux
Se raccroche à ce qu'on croit
Connaître... Si peu.

Ces choses-là nous dépassent
Mais on y pense de plus en plus
Ouvre les yeux... On les sent
De mieux en mieux... Délaisse
Le peu qu'on retenait... Encore.

Ces choses-là nous dépassent
Seulement une impression
Légère comme une ondée
Vite oubliée quand dardent
Les rayons du soleil étoile.

Qui l'eut cru ?
Ces choses-là sont nôtres
C'est l'histoire de nos vies
Construites jour après jour...
Et je t'aime mon amour.

Le puits

C'est une source d'eau limpide
Elle rafraîchit le gosier assoiffé
On imagine…
Que se reflète le sourire, il se dessine
Quand se dissipent les limites du gouffre
Le fond du puits n'est pas ce qu'il semblait…

Car c'était un trou noir...
A première vue,
Excavation du non supportable
Furieuse révolte de l'intérieur
Le silence de la pensée étant roi
Et le cri d'exaspération, chair...

Puis vint le contact avec l'onde - Amour
Elle nous a réveillés de la tétanie
A revigoré corps et cœur engourdis...
Entre deux clapotis, se voit la lueur :
Le fonds du puits donne sur autre chose...
Notre liberté.

« Chienne »

Le mot a été dit.
Et c'est fini.
Notre relation est une bulle de savon...
Elle vient d'éclater en plein vol.
« Chienne ».
Tu le rediras souvent.
Juste pour me faire mal.

La gifle, violente, imprévue a enfoncé le clou.
Quelques jours avant un concert...
Comme d'habitude... En pire ?
C'est sûrement volontaire...
Te persuader que c'est toi le plus fort.

Au-delà de mes talents
De mes idées... De ma voix...
« Chienne »

Cette fois c'est bien fini.
Et c'est le mot que je garderai de notre
histoire.
Finis les rires. Quels rires ?
Quels souvenirs ?

Ma joue et mes oreilles me brûlent encore...
Ils réécrivent notre histoire...

Tout sauf une gifle.
Vous êtes plus d'un à m'avoir giflée…

Tous ces coups… Pour me « dresser ».
Pour me vider.

Loin de vos maux et de tes mots… Moi, je chante encore…

Séduction

Elle remue les épaules, aguichante,
Il trouve des mots qui "sonnent"...
Le monde se lustre tant qu'il peut.

Les anges ne sont plus asexués
Submergés d'images, de couleurs
Ils ferment les yeux très forts...

La soif du vrai devient inextinguible
Se cachent Pudeur et sa sœur Discrète
Se confondent désir d'absolu et concupiscence

Notre recherche de beauté est éperdue
Et la sensualité ne fut qu'un leurre...
Elle n'apaise plus depuis longtemps.

Lessing ne disait-il pas :
"La séduction est la véritable violence" ?
Elle nous a blessé à fendre l'âme !

Mais l'authenticité nous soigne déjà...

Drôles…

Ils prétendent bien vous connaître
Vous aimer comme vous « êtes »
Mais n'ont jamais pleuré avec vous
Quand l'estomac se déchire,
Les mains se tordant de douleur,
Jusqu'à l'explosion de la victoire…
Le rire du cœur.
Non.
Mais…

Ils ont beaucoup pleuré sur eux
Pendant l'épreuve…
Et quand vous aviez peur
Eux, se regardant dans la glace,
Se félicitaient de leur « bon sens »,
Gardant intacte la distance, l'humour
A tout propos… Une aide au mépris ?

Douloureusement drôles sont-ils
Dans leur « sollicitude »…
Ainsi va la vie des Humains
Chacun menant sa route…
Mais qui prétendra avoir compris ?

« Qu'est-ce que tu vaux ? »

On est en réunion « très » professionnelle.
Autour d'une table. Vous me regardez.
Vous attendez la réponse :
« Qu'est-ce que tu vaux ? »
Combien valent ma poésie, mes textes, ma musique, tous ces fruits de l'âme...

Vous venez de m'expliquer à quel point il me fallait me définir, me donner une valeur en honoraires... Un artiste qui ne sait pas se vendre n'est plus rien de nos jours...
« A combien je me vends ? »

Je réponds :
« Pour tout ce que je donne, vous ne pourriez pas me payer. Cela dépasserait les millions. »

Silence radio.

Je crois que je viens de me faire ficher comme « vaniteuse », « insensée »...
Une de ces réputations...

En mon sens, seul l'entretien du matériel est chiffrable et le compte est vite et bien fait.

Alors, je refuse de croire que la vie humaine, celle que je donne en chantant, a une valeur en monnaie…

Devrai-je être payée pour respirer ?

Un, deux, trois…

Que de mouvements…
Des ombres qui s'agitent…

Tournoient les désirs, les envies
Dans une danse infernale
Quand psalmodie la vengeance
Quand applaudit l'amertume…

Que de mouvements…
Mon ombre qui s'agite…

Se presse, veut attirer mon attention
S'inquiète je crois de mon aménité.
Ne t'inquiète donc pas mon amie
Notre ballet est harmonie…

Le rythme du cœur en lumière
Cadence si bien l'enchaînement
Des pas… Oh, que de portées !
Plus rien ne manque.

Un, deux, trois...
Oui, musique... Et sourire...

Sauf ta caresse…
(Création)

Une aventure curieuse
Mais combien exaltante
Aucune référence
Sauf ta caresse...
Et cette joie douce, étrange
Au plus profond de moi
Et pourtant...
Je me croyais plus forte
C'était il y a longtemps
Avant la Sincérité
Après la lutte vaine...
C'est loin tout ça
Je me suis rendue
A ta spontanéité
Mon cœur
Se pose
En sûreté
Je crée.

On s'envole...

« Un petit sachet de lait en poudre »

Je vais à la petite boutique du quartier et demande :
« Un petit sachet de lait en poudre ».

C'est ce que mes pièces peuvent me permettre.
Un petit sachet en poudre pour ma fille.
Pour tenir toute la journée.

Moi, je ne mangerai rien jusqu'au soir.
Je suis enceinte mais tant pis.
On va bien.
Les principes ont un prix.

Un jour, mes enfants auront ce dont ils ont besoin.
Loin de la peine et de la solitude.
Loin des regards de pitié.
J'en suis loin. C'est vrai.
On me le fait bien sentir.
Mais l'eau passe sous les ponts…
Et la musique est toujours là.

Quand tes chansons font du bien,
les muses ne te protègent-elles pas ?

« Un petit sachet de lait en poudre »...
Et ça ira...

Je ne sais pas encore que juste après l'accouchement, je n'aurai plus de gaz pour l'eau chaude, que les langes viendront à manquer...
Que je devrai emprunter...
Puis aller au secours populaire...

Pour l'instant...
« Un petit sachet de lait en poudre, s'il vous plaît !»

A une vie meilleure...

Quels sont ces cruels rituels ?
Ils aiment les larmes d'âmes-enfants
Qu'elles tombent ! Disent-ils,
Ainsi viendra la pluie d'abondance...
Et suit le sacrifice des "sans-recours".

Qu'importe, semblent dire nos jours,
Suivre le calendrier de la prospérité
Même passée... Trouble... serait signifiant.
Mais que peut donc prédire la cruauté
Sinon la torture en série et la mort ?

Ainsi, ignorant les temps de bonté,
Les faits d'espérance et la chère tendresse,
Nos cœurs s'endurcissent ou se résignent :
Il faut bien mourir un jour...
Peut-être... Sinon ?

Sinon, subsiste à toujours notre amour
Celui qui coule dans nos veines
Qu'on peut donner... Et il en reste encore...
Vivants sommes-nous, libres de croire
A la maturité, la joie... A la vie...

A une vie meilleure...

Toujours...

Nul sacrifice
Pour expliquer le don
Et la passion toute entière
Tant désirée et donnée.

Nul abandon
Quand la souffrance n'est qu'un temps
Qui, après s'être posée, presque prendre racine
S'extirpe avec ou sans douleur.

Nulle abnégation
Et pourquoi rendre sacré ce qui l'est déjà ?
S'agirait-il d'amour, de vie, de flamme…
L'être tout entier ne regrette rien.

Ce que nous étions fit ce que nous sommes.
Et ce que nous sommes… Vivants !
Toujours…
Là réside, le premier miracle…

Sans amertume… Ni aigreur ou détresse
Sournoise… Elle est une source souillée, oh !
Plutôt la fantaisie irrépressible de rire…
Avec l'autre.

Second miracle.

« J'ai beaucoup investi »

Elle me le dit, un peu énervée.
Elle ne viendra pas avec moi en concert.
Elle a déjà « beaucoup investi »
Et il faut que je le comprenne.
Mon projet, c'est un peu n'importe quoi
Ca ne donne rien de concret.
Elle s'arrêtera donc là.

« J'ai beaucoup investi »
Je l'entendrai encore…
Que répondre à ça ?

Plus d'une décennie, que je travaille sans relâche :
A écrire et composer…
A transcrire tout cet autre univers…
Ma santé parfois chancelante à cause de toute cette fatigue…
Des dettes à n'en plus savoir que faire et le désarroi de ceux qui m'aiment…
Les efforts, le désespoir, l'impuissance, la faim, la solitude…
La rage salvatrice…

Oui. Il vaut mieux que je me taise.

Oui. Fermer les yeux très forts.
Puis les rouvrir.
Et continuer.

Mais ai-je donc l'air d'avoir si peu investi ?

Tout ? Non...

"Grandir" et renoncer à une partie de soi,
Donner son accord, son cœur ou sa main,
C'est une prière apprise depuis longtemps.

Sur l'autel de la recherche du bonheur
Certains ont tout essayé, même dénoncé,
Pour recevoir le salut promis :
La satisfaction d'un bref apaisement
Qui précède la fin des jours...

D'autres s'offrent tout entier
Se dévouent au mystérieux Autrui
Puis, un jour, épuisés, cessent de vivre.

De l'allégresse ou de la joie ?
Juste une curieuse ivresse alors
Une hallucinatoire euphorie
Avant de laisser une place vide, quand
Rien ne remplace une unique existence.

Sacrifice de soi ou des autres...
Tout est dit.
Tout ? Non...

Chaque être est une part du bonheur...
Et compte.

Coup de théâtre
Hommage au "deus ex machina"

La pièce avait commencé depuis longtemps
Le dénouement semblait plus qu'évident
Saisie, je réfléchis encore à l'excellence
De ce coup de théâtre...

Voilà que le rideau tombe sur la fin de l'acte
Un simple mot pouvait-il donc tant faire ?
Il a révélé les pensées les plus obscures
De personnages clés aux visages si affables…

Mais il fallait aussi la trouver...
Cette parole mémorable, surprenante…
Troublante
Cette formule magique qui ouvre si grand
La porte,
Dévoile le sentiment bien gardé,
Tellement caché.

Et tandis que le rideau se lève sur la scène
J'ébauche un sourire, se dissipe la nausée
Du trac. De l'improvisation. Et du sublime...
La suite est bien meilleure
Que je ne l'espérais...

« Des réservations ont été faites !»

« Des réservations ont été faites »
Le régisseur vient de me le dire.
Mon Dieu ! Déjà !

Des personnes ont choisi de réserver.
De venir au concert.
Il n'y aura donc pas de lutte préparatoire...

Pas de prospectus à concevoir, à faire imprimer, à distribuer...

Pas de mailings à constituer, à envoyer ; de statuts à actualiser, de connaissances parfois indifférentes à relancer....

Pas d'inscriptions via de courts messages, de validation de mail à réaliser pour publication de l'annonce... Pas de bande annonce à faire monter...

Ils ont déjà réservé !
Ils veulent écouter, sortir de chez eux, quitter parfois ceux qu'ils aiment pour recevoir toutes ces vibrations, ce partage musical...

On ne se sera pas préparé pour rien.

Tous ces efforts n'auront pas été vains.
« Des réservations ont été faites !»

Exquis !

Le plaisir ruisselle,
Rougit les joues gourmandes
D'une vie douce acidulée
Au croquant, à la fine crème...
Exquis ! Et sur le gâteau... La cerise !
C'est une tendre, délicate pépite,
Surprenante couleur à tous égards...
Surréaliste, hors saison, à la saveur si…
Intense !
Se dégustent bonheurs, odeurs et couleurs,
Fusion parfaite de l'absolu du désir et du réel.
C'est l'achèvement d'un long processus...
S'est réalisé le rêve...

Des "anges"

Ce sont des "anges"...
Ils vibrent au rythme de la brise
S'illuminent leurs visages d'Orient...
Ils comprennent les ondes du cœur.

Quand ils dansent,
Virevoltent de joie les papillons
Se suspend le temps, s'ouvre le ciel
Rondes invisibles de fleurs en liesse...

Sourire en chantant...
Si heureuse de servir enfin
Quand se touchent les êtres
Farandole de vives douceurs...

Rien ne pourra remplacer
Nos bonheurs intérieurs
Cette merveilleuse étreinte...
Musical partage... Et Constellations !

« Il a dit oui. »

C'est un grand hôtel de luxe et je ne suis pas habillée pour l'occasion.
Je ne m'attendais pas à ça.
Jean et basket quand le portier est en livrée !

Je ne savais pas... Mais autant assumer.
Tous en costumes sombres à l'intérieur.
Tous en train de taper sur leurs portables à l'intérieur.
Il est là dans un salon, celui qui décide.

Sait-il d'où je viens ?
La sécheresse des refus, les sourires narquois et le mépris ?
Pourquoi alors, y croire à chaque fois ?
Peut-être parce que la musique en vaut la peine...
Peut-être parce qu'autrement je meurs...

Rencontre sûrement insignifiante pour l'homme d'affaires ; et moi, les refus je connais déjà.
Mais démarcher... C'est rester encore un peu en vie...

...

Oh !

Il a dit oui !

De l'athlète, suit ainsi la destinée...

Juste après le dernier tournant
Une route large, droite
A découvert.

Quelques minutes encore
Avant le but à atteindre
Devant témoins.

Longues années de préparation
Epreuves de présélection
Sélections... Destin ?

Juste après le dernier tournant
Quelques minutes encore…
A découvert.

Premier pas posé... Au top départ
Son origine révélée... A l'arrivée…
Devant témoins.

De l'athlète, suit ainsi la destinée...

Quel que soit notre monde

La joie a ses manières…
Touche avec soin
Prend son temps
Elle entend, comprend
Hoche la tête attentivement
Souris élégamment
Si précieuse…
Heureuse, enchanteresse
Frondeuse mais si joueuse !

La joie semble une princesse
Tant la jeunesse qui émane d'elle
Emerveille. Sa pureté, sa profondeur
Nous mènent droit au bonheur
Elle se pose avec soin…

La joie est reine
Et quel que soit notre monde...
Puisse-t-elle régner longtemps sur nos cœurs !

Déni de grossesse

Je suis étendue, le ventre à l'air.
Examen obligatoire suite à une urgence médicale et concert sûrement annulé.

Mon corps m'a lâché. Il ne répond plus à mes appels. Nous sommes pourtant déjà allés si loin ensemble... Je le pensais soumis et fort... Mais non.

Le gel froid sur mon ventre et les ondes... Sur l'écran s'affiche ce qui vibre sous ma peau...

Le médecin écarquille ses yeux, sa voix me semble assourdissante :
« Vous êtes enceinte madame. Et depuis longtemps. Vous ne le saviez vraiment pas ? »

Non.
Enceinte ?
Bientôt six mois ?
Je ne pensais pas avoir à expérimenter les limites de nos voies contraceptives...

Oh, j'ai mal jugé mon corps : il m'a toujours été fidèle. Jusqu'au bout. C'est ce petit être en moi, libre, il n'en a fait qu'à sa tête... Comme moi.

Je me réveille un matin et je suis double...
Mon ventre grossit en deux jours pour me sembler immense...
Faible, obligée de rester au lit pour recouvrer mes forces, je pense à mes activités prévues... Et perdues. Rien ne sera plus pareil.

Lui, il est tout entier, en moi.
Ne m'entendait-il pas chanter au rythme des battements de nos deux cœurs ?
Une nouvelle mélodie... Et je ne l'ai pas composée...

Mais j'aime la musique ; et la maestria de l'improvisation de ce bout de chou me fascine.
On va l'écouter...

En nous

Qui a condamné la matière
Qui a choisi d'ignorer la chair ?
Toucher… Subtil, soyeux à en pleurer
Te regarder à m'en faire mal aux yeux
Et les souvenirs reviennent
Tout autour de moi me rappelle toi
Même l'air te vibre et m'appelle

Est-ce ainsi depuis toujours ?
Pourquoi n'entendais-je pas ?
Ces questions se perdent, un moment
Est une éternité… Et quel temps ?
L'immensité n'a jamais eu aucune limite
Qu'y a-t-il après l'ombre et la lumière ?
Je me souviens…

Loin des euphories et des mélancolies
Sans indifférence, ni regrets apeurés…
L'imaginaire n'est plus une exception
Depuis toujours la délicate complexité
De la matière, d'un cœur qui bat
Ne pouvaient mener qu'à toi, sublime
Exquise réalité… Autre...

En nous.

Au-delà des mots

Il aura fallu l'indépendance
Pour réaliser… L'autonomie,
Pour saisir toute l'ampleur,
La mesure de ton affection.

Ainsi cela se peut :
Unique et semblable
Seul et multiple
Toi, moi… Nous.

Je t'embrasse sans perdre
Sans regret et l'indifférence
Ne sera plus jamais mienne
Entier est notre désir… Libre...

D'une douceur si profonde,
Présente, solide, originale passion...
Indicible, sublime, éternel « Nous » :
Je te comprends... Au-delà des mots.

Toi ? Toi…
(Echos)

Dans cette gare improvisée et sale, les passants nous bousculent, on se pousse un peu, on parle encore…

Je te vois sourire.
Un magnifique sourire, et quel rire ! N'arrête jamais d'être heureux, j'aime ton bonheur. Tu es lumineux, beau !

On se promène main dans la main, mangeons comme quatre au gré des occasions.
On s'écoute.

Dans la ville, tonnent les mots de la haine, c'est la crise, la montée de la xénophobie, les coups d'état que nous entendons aux nouvelles, mais nous sommes ensemble…

Et dans ces rues que nous arpentons, quand le ciel est notre toit, rien ne vaut ta main dans la mienne. Ma tête repose sur ton torse et je suis chez moi.

Les larmes de nos confidences, je les garde précieusement... Tu collectionnes mes éclats de rire...

Je t'aime... Et tu m'aimes.... Si fort.
Si je ne l'avais pas vécu... Je n'y aurai jamais cru.

Une autre couleur

Une autre couleur…
Une variation nouvelle…
Une profonde moiteur qui imprègne le soi
Une intensité constante en ombres et lumières

Y penser à chaque heure, chaque jour
En rêver la nuit, rire, en pleurer,
Souffle parfois coupé,
Cœur qui déborde...

Explosion d'ondes, flammes sonores
Brasier vivant, Musique incandescente
Partager sinon mourir
Souffle coupé...

...

Ton étreinte me ranime.
Sans toi, ne serais plus de ce monde
Tu m'embrasses...

Les ondes se rejoignent…

C'est une plage tranquille
Où la mer est transparente
De petites vagues couleur albâtre
Lèchent l'or sablé, se retirent
Leur chant semble éternel
Caresse l'oreille, souffle la brise
Caresse la peau, souffle nouveau
Si je m'avance dans l'eau
Je nage dans le ciel :
Car les ondes se rejoignent...
Et nos mains se joignent...
J'ouvre les yeux,
Tu me regardes,
Tu me souris,
Je plonge dans ton regard...

En guerre

Nous sommes une dizaine, accroupis dans les broussailles. A guetter avec crainte les coups de feu qui retentissent, de plus en plus proches.

Le taxi commun que nous partagions vient de faire une embardée sur la route. Pour une fois, j'étais assise près du conducteur et j'ai cru que ma dernière heure était venue.
Les rumeurs de guerre n'en sont plus, la violence est là. Déjà.

Mes compagnons d'infortune se terrent et s'encouragent à l'attente entre deux incertitudes.
Ces sons de mitraillette composent une musique menaçante qui ne me plaît pas. Je vais partir. Même à pieds.
Rester en groupe, cachée dans cette broussaille, des coups de feu en musique de fond, me semble plus dangereux que de chercher à gagner la sécurité bien plus loin.

Je demande si quelqu'un veut m'accompagner... Les chuchotements fusent :

« Imprudente ! Et une balle perdue, tu y penses ? Il vaut mieux rester avec nous. Les choses vont se calmer... »

Je ne crois pas.
Des militaires révoltés qui tomberaient sur un groupe isolé de civils n'est pas une image qui m'évoque l'optimisme.

Je me lance, me mets à courir. J'entends les cris de ceux qui veulent me prévenir...
Les coups de feu sonnent toujours, tant pis.

Si je devais tomber sous une balle perdue, au moins je l'aurai choisi...

Ma vie revient

Instants fragiles des faiblesses trop soudaines
Lentement aspirée, l'âme somnolente
Sans force, quand on veut s'endormir...
Encore.

"Amie, réveille-toi. C'est la peur qui t'habite.
Elle a tétanisé tes membres
Son repos est une illusion,
Empoisonne tout l'être.

Comment avons-nous respiré ?
Le sang fait un tour, revient toujours au cœur...
Laisse-le tracer son chemin...
Il crie ta ressource !"

Je me lève, toute chancelante.
La maladie me toise.
M'empêchera-t-elle de sentir ta voix
Celle qui réchauffe ?

Ma vie revient...
Je laisse notre amour tracer le chemin.
Il a toujours su...
Il sait.

Tout est possible

Tout est possible...
Est une comptine bien servie pour certains...
Or croire tout savoir est une illusion amère
Qui se dissipe vite avec les rayons du Réel...

Tout est possible...
Et on attend si, non trop souvent le pire...
L'imaginaire au service de tristes terreurs
Qui hantent nos cauchemars diurnes secrets...

Mais tout est possible...

Oui, tout est possible...
Pour le mieux... Douce, forte sérénité...
Fallait-il de l'estime pour le voir enfin !
Qu'on nous pardonne la faiblesse de la détresse

Tout est possible !
Est un cri du corps, du cœur, de l'être entier…
Quand se révèlent la volonté et le ressenti
Que la raison et le rêve sont d'un même effort :

Alors naît la magie !

« C'est Christina »

Dans la même maison d'enfance, mais sans les mêmes souvenirs.
Nos vies parallèles, sans liens et des souffrances si différentes...

Sœurs... Mais nous n'avons jamais appris à nous connaître.
Si ce n'était ce mariage... Nous serions nous croisées seulement ?

Ai-je tant changé ?
Tu ne sais plus comment m'appeler...

« Mon nom est Christina ».

La nature a annoncé les couleurs

Une autre saison... Une époque différente
les oiseaux l'ont chanté sur tous les tons
La flore a frémi sous les murmures du zéphyr
Et un souffle nouveau a déplacé nos routines.

Surprenante période où résonnent nos vies
Sans que les amertumes n'y changent rien
Elles ont suffoqué puis ont été balayées
La conscience s'est réveillée.

Le feu qui couvait sous la cendre a pris
Crépite ; concert des flammes scintillantes,
Lumières des cœurs, qui, sans regrets
Se sont apaisés... Ont changé.

La nature a annoncé les couleurs
Or, rouge, vert... S'est révélée beauté
L'eau a ruisselé, dissipé les masques
De boue, révélé le nouvel éclat des temps.

Eclat...

L'essentiel

« Est-ce ton rire que j'entends là ?
Tu y arrives encore, tu pleures...
De bonheur ? Qu'est-ce donc ?
Ne vois-tu pas tout autour
La douleur des nouvelles,
La terreur des lendemains
Qui déchantent et les blessures...

Tu souris encore ?
Mais pourquoi sembles tu heureuse,
Te reste-t-il encore un bien ?
N'as tu perdu personne ?
C'est presqu'un blasphème
Cette maudite confiance... Quel avenir ?
Es-tu devenue folle ?

Nos prières ou nos peurs résonnent
Nos églises et nos bals sont remplis
La détresse règne en maître
Et toi, tu t'enchantes... Cette joie...
Indécente es-tu, insolente !
L'affliction t'a t'elle aliénée ?
Es tu encore saine d'esprit ? »

« Oui.

Le deuil m'a appris à aimer plus fort
L'être chéri que je ne peux plus toucher

Le dénuement m'a donné l'imagination,
S'exercer à trier, à chaque fois, choisir

Perdre parfois l'essentiel... Le retrouver...
Quant à l'extrême douleur... Vivre avec...

Se faire allié du temps... Et Guérir... Oui...
Rions ensemble... De nouveau.

Veux-tu ? »

2. DE TOI A MOI…

La gratitude

Un autre monde
Guirlandes de fleurs,
Colliers de lumières... Légères
Ondes... Fraiches... Non...
Plutôt délicatement tièdes.

Curieux regards... heureux ?
Douces pressions
d'une étrange transparence
Mènent la direction
d'un bonheur différent

Troublant voyage
Au cœur du Latent
Loin des grandiloquences
C'est la gratitude,
Sublime, somptueuse effluve...

De l'intérieur.

Christina Goh
Tours France, année 2013 selon le calendrier grégorien

3. D'UN PARCOURS

(Données recueillies par le staff de l'artiste).
Biographie détaillée officielle – christinagoh.com

I.

1977 – 1990 : naissance et enfance

Juillet 1977, Christina Goh naît à Paris 12 en France d'une mère martiniquaise et d'un père ivoirien. Quand ses parents s'installent en Côte d'Ivoire, Christina est âgée de deux ans.
Elle grandit dans une famille de cadres supérieurs : une maman professeur d'anglais, un papa ingénieur informaticien. La situation financière familiale est pourtant instable à cause des investissements hasardeux du père, ce qui conduit la famille de six enfants à déménager fréquemment, des quartiers les plus huppés (Cocody, Plateau) aux zones les plus populaires (Yopougon, 220 logements, Treichville). Victime d'abus sexuels dans l'enfance, et malgré son traumatisme, Christina est une élève appliquée et modèle, assez solitaire et férue de lecture.

En 1989, la mort de son frère aîné après une longue maladie marque profondément l'adolescente. Face aux interrogations sur la mort, elle se réfugie dans la poésie. Une voie d'apaisement qu'elle ne perdra jamais.

II.

1995 – 2000 : l'appel musical

Après une scolarité brillante et un baccalauréat avec mention, Christina poursuit ses études en France (Bouches du Rhône) en psychologie, avant d'opter pour un diplôme d'université en journalisme. La musique, toujours considérée comme un passe-temps familial, devient indispensable avec la pratique du chant chorale (répertoire classique et gospel) puis la formation d'un groupe variété pop.

Pourtant elle n'envisage pas d'être une artiste à plein temps et de retour en Côte d'Ivoire, après ses études, devient une salariée (documentaliste puis opérateur de projet) dans le privé. Mais l'appel de la musique est le plus fort.

Faute de trouver un groupe sur Abidjan, Christina s'improvise chanteuse de rue où elle reprend des chants internationaux connus en a cappella. Après moult hésitations, elle démissionne de son contrat à durée indéterminée pour se consacrer à la musique (composition) à plein temps. Une décision mal vécue par ses proches.

C'est en 2000 que Christina rencontre celui qui deviendra son musicien pilier, Gotham. Passionné par le répertoire de la jeune femme, il l'aide à enregistrer une maquette et entreprend des démarches pour trouver un producteur.
Mais Christina ne se retrouve pas dans les offres qui lui sont proposées. Les deux artistes optent finalement pour un projet qui ne trahira pas à la personnalité de la chanteuse : ce sera une musique métissée, où la musique sert le texte.

III.

2003 – 2006 : la voie de l'indépendance

Le premier album de Christina dont le nom d'artiste est Krystal est fin prêt. Il s'intitule « Tranquille ». Huit chansons à texte et en français. Krystal propose son album autoproduit à toutes les maisons de distributions abidjanaises qui le refusent ou proposent de le reprendre moyennant finances. C'est la maison de disque historique qu'elle consulte en dernier, EMI Jat Côte d'Ivoire, qui finira par lui proposer un contrat de licence.

En 2004, après l'incendie d'une partie de ses locaux, la maison de distribution qui avait signé avec Christina ferme ses portes. Et ce, avant même le pressage de l'album. La crise socio politique que traverse la Côte d'Ivoire et le sentiment anti-français ne favorisent pas le profil artistique de la jeune femme. Elle accepte finalement d'être rapatriée sur la Martinique où réside sa mère depuis peu. Christina n'y a jamais vécu et ne connaît pas l'île maternelle. Tout est à refaire.

IV.

2006 - 2008 : l'odyssée martiniquaise

Après avoir démarché toutes les maisons de production martiniquaises et les groupes musicaux en vain, Christina se voit obliger de trouver un autre moyen pour gagner sa vie. Elle reprend la voie du journalisme et devient brièvement correspondante pour le quotidien France Antilles.

Elle n'abandonne pas la musique pour autant et, séduite par de nouvelles sonorités caribéennes, autoproduit un single « Métissée chocolat » puis un EP 5 titres « Eveil » sous le nom de Christina Goh. L'enregistrement de l'opus se déroule dans le studio de l'association « Royal Warrior Musik », dont la plupart des artistes sont issus du « ragga dancehall ».

C'est le titre phare de ce dernier opus « Réputation de peine », qui lui ouvre la voie de l'international : la chanson est diffusée sur le réseau des radios francophones mondiales et pour la première fois, le clip est diffusé sur des chaînes étrangères.

V.

2009 - 2011 : la naissance du concept

Christina Goh entreprend une tournée en Martinique qu'elle finance à ses propres frais.
Privilégiant le live et en trio (piano, djembé, voix puis guitare, djembé, voix) pour souligner le texte et la fusion djembé-instrument à cordes, elle reprend les titres de toutes ses œuvres sur les scènes de l'île puis sur de petites scènes françaises en octobre 2009.
Après son concert au Laurette Théâtre à Paris, fédération des petites scènes de France, Christina Goh reçoit l'invitation du Laurette à se produire en 2010 au festival off d'Avignon, surnommé « le plus grand théâtre du monde ».

Privilégiant toujours le texte, elle reprend en 2009 trois poèmes du recueil « Emotions » écrit par l'écrivaine martiniquaise J.Q. Louison, et veut rendre un hommage à sa mère.
« 3 Emotions » illustre en trois titres l'amour, la vie et la mort selon trois types de variétés : française, créole et africaine.
Christina Goh accompagne l'écrivaine en musique, pendant certaines de ses présentations publiques.

La chanson « Un matin » reçoit un bel accueil de certains cercles poétiques. Christina Goh fait un pas de plus en publiant en toute indépendance et à la demande, l'ouvrage « Le chant des cœurs » qui recueille les poèmes et essais plébiscités sur son blog.

En 2010, « Christina Goh Concept », sera le titre de son nouvel album :
Dix titres qui reposent essentiellement sur la voix, le djembé et la guitare électrique.
La percussion africaine y illustre le blues, la ballade française, le rock-blues sans complexe.
Enregistré en Martinique, l'album est masterisé en France par Frédéric Véret.
Il est distribué sur les plateformes numériques mondiales par Plaza Mayor Company, Ltd qui met en avant les œuvres les plus jazz de l'opus.

France, Angleterre, Antilles françaises… En live, Christina Goh se révèle une véritable performeuse.
Le concert de l'artiste à l'Armada Festival 2010 sur le thème « le jazz manouche à la rencontre de la musique caribéenne » est diffusé deux fois en prime time sur la 2e chaîne des Antilles. La même année, l'artiste est pré-nominée pour les prix SACEM Martinique.

VI.

2011 - 2012 : "made in France"

Pour répondre à la demande, le staff de Christina Goh et l'artiste s'installent dans le centre en France. Clubs de jazz référents (Sunset, le Baiser salé de la rue des Lombards), festivals de région, le Christina Goh Concept écume les routes tout en préparant le prochain album annoncé comme étant encore plus « caractériel ».

"La perle noire de l'afro-blues" confirme son atypisme avec la production d'un single "N'oublie pas" puis un album 10 titres intitulé "Fusion" où elle assure la direction artistique. Elle choisit de collaborer avec les studios Concept Prod de Tours pour l'enregistrement, la graphiste japonaise M. Kono pour l'infographie et F. Véret pour le mastering : l'ingénieur maîtrise le son particulier des oeuvres de Christina, qui allie électrique et acoustique.

Signée chez Plaza Mayor Company Ltd, l'artiste bénéficie de la distribution mondiale via The Orchard et EMI UK pour cet opus musical.

Christina est restée fidèle à elle-même, conservant le djembé comme instrument rythmique de base mais repoussant les limites : ses textes sont plus intrusifs et désormais, la percussion traditionnelle fusionne avec la basse 8 cordes de Bruno Ramos ou le saxophone d'Antoine Fossey.
Sur scène et en studio, des partenaires de poids font confiance au concept : Kangaba pour le joueur de djembé Gotham, EBS pour le bassiste R. Bruno et Peavey pour le guitariste A. fossey, accompagnant les musiciens sur le projet.

En novembre 2012, le titre "De l'intérieur" qui symbolise cette fusion artistique et culturelle si chère à Christina, est lancée comme nouveau titre phare du nouvel album, après la présentation au Sunset Paris de tout l'opus.

La voix de Christina Goh est certainement à l'image de son parcours : unique...

Table des matières

Merci à

Félix Jean-Robert A.
Susana De Magalhaes
René Bordione

Quelques mots sur l'auteur

Christina Goh est auteur-compositeur et interprète. Cette chanteuse française d'origine ivoiro-martiniquaise avait d'abord opté pour le journalisme avant de succomber à sa passion pour la musique. « Du noir et blanc à la couleur» est le quatrième ouvrage de cette poétesse à la plume incisive et particulière.

Découvrez l'univers musical et poétique de
Christina Goh

www.christinagoh.net

Une collection de pépites poétiques
et un fil directeur…

FORT, UTILE ET BEAU
Christina Goh

L'œuvre de Christina Goh est bien à son image : sans détours, sobre, avec cette finesse toute particulière qui nous en apprend toujours plus sur nos vies… Ses confidences poétiques nous plongent au cœur de nos dilemmes et nous ramènent toujours à bon port.
On en redemande !

Christina Goh
ISBN 978-2-8106-2195-8,
Couverture souple, 56 Pages

Un recueil atypique à découvrir !

LE CONCEPT EN POEMES
Christina Goh

Ce recueil est une expérience inédite : chaque chapitre est une illustration poétique inspirée de l'album musical "Christina Goh Concept". Un voyage littéraire surprenant au cœur d'un univers unique.

Christina Goh
ISBN 978-2-9536553-0-8,
Couverture souple, 64 Pages

Une exploration surprenante du chœur des pensées qui nous habitent…

LE CHANT DES COEURS
Christina Goh

Le premier recueil de l'artiste francophone. Une réflexion poétique troublante sur ce qui rassemble les cœurs des hommes.

Christina Goh
ISBN 978-2-7466-0747-7,
Couverture souple, 92 Pages

FSC
www.fsc.org
MIXTE
Papier issu
de sources
responsables
Paper from
responsible sources
FSC® C105338